詩《し》をつくろう

3 自《じ》分《ぶん》だけの詩《し》集《しゅう》をつくろう、朗《ろう》読《どく》しよう

和合 亮一 監修

汐文社

はじめに

「詩《し》」って何《なに》？

みなさんは、「詩《し》」と聞《き》いて、何《なに》を思《おも》い浮《う》かべますか？

何《なん》となくむずかしいなあというイメージをもっている人《ひと》が、たくさんいるのではないでしょうか。

しかし、詩《し》はとっつきにくいものではありません。「詩《し》」とは、「自然《しぜん》やできごとなどから受《う》けた感動《かんどう》を、リズムをもつ言語《げんご》で表現《ひょうげん》したもの」といえますが、そんなにかたくるしく考《かんが》えなくてよいのです。

というのも、詩《し》を書《か》くのにルールはなく、まったくの自由《じゆう》だからです。

思《おも》ったことを、すなおにことばで表現《ひょうげん》してみませんか。

とはいえ、いきなり「詩《し》に親《した》しんでみましょう」「詩《し》を書《か》いてみましょう」といわれても、何《なに》をどうすればよいのか、わからないと思《おも》います。

そんなみなさんのために、この本《ほん》では、詩《し》の親《した》しみ方《かた》、書《か》き方《かた》のヒントを示《しめ》しています。

第《だい》3巻《かん》では、詩《し》をあつめて詩集《ししゅう》をつくったり、朗読《ろうどく》したりする楽《たの》しみ方《かた》について学《まな》んでいきます。

それでは、肩《かた》の力《ちから》をぬいて、楽《らく》な気《き》もちで詩《し》の世界《せかい》をのぞいてみましょう。

詩《し》をつくろう

③自分《じぶん》だけの詩集《ししゅう》をつくろう、朗読《ろうどく》しよう

もくじ

はじめに　「詩《し》」って何《なに》？　2

詩《し》を読《よ》んでみよう　6

雨《アメ》ニモマケズ……宮沢《みやざわ》 賢治《けんじ》　6

生活《せいかつ》のなかで詩《し》を楽《たの》しもう　10

お気《き》に入《い》りの詩《し》をえらぼう……10

色紙《しきし》に書《か》いて、かざってみよう……11

詩《し》を絵《え》にしてみよう……12

絵《え》かき歌《うた》であそんでみよう……14

コックさん……わらべうた　14

たこ入道《にゅうどう》……わらべうた　14

自分《じぶん》だけの詩集《ししゅう》をつくろう　16

テーマを決《き》めよう……16

のせる詩《し》を決《き》めよう……17

テーマにそった詩《し》のいろいろ……18

例《れい》1　春《はる》の詩《し》●三月《さんがつ》　室生《むろう》 犀星《さいせい》／ひばりのす　木下《きのした》 夕爾《ゆうじ》　18

例《れい》2　食《た》べものの詩《し》●果物《くだもの》　八木《やぎ》 重吉《じゅうきち》／はたはたのうた　室生《むろう》 犀星《さいせい》　19

例《れい》3　すきな萩原《はぎわら》朔太郎《さくたろう》の詩《し》●猫《ねこ》／金魚《きんぎょ》／草《くさ》の茎《くき》　20

感想《かんそう》やえらんだ理由《りゆう》を書《か》きそえよう……22

表紙《ひょうし》やもくじをつくろう …… 23

詩《し》を朗読《ろうどく》して紹介《しょうかい》しよう 24

「朗読《ろうどく》」って何《なに》？ …… 24
声《こえ》の出《だ》し方《かた》 …… 24
朗読《ろうどく》をするときの注意点《ちゅういてん》 …… 25
朗読《ろうどく》してみよう …… 26
ちちんぷいぷい …… 川崎《かわさき》 洋《ひろし》 26
なのだソング …… 井上《いのうえ》 ひさし 28
うさぎ …… まど・みちお 30
天《てん》の声《こえ》 …… 草野《くさの》 心平《しんぺい》 31
どじょうだじょ …… 阪田《さかた》 寛夫《ひろお》 32
たね …… 谷川《たにかわ》 俊太郎《しゅんたろう》 33
〈ぽくぽく〉 …… 八木《やぎ》 重吉《じゅうきち》 34
ねこのこ …… 大久保《おおくぼ》 テイ子《こ》 35

つくった詩《し》を発信《はっしん》しよう 36

インターネットで詩《し》を発信《はっしん》する …… 36
著作権《ちょさくけん》に配慮《はいりょ》する …… 36
自分《じぶん》でつくった詩《し》を発信《はっしん》しよう …… 37

作品名《さくひんめい》さくいん／作者名《さくしゃめい》さくいん 38

詩《し》を読《よ》んでみよう

雨《アメ》ニモマケズ

宮沢《みやざわ》 賢治《けんじ》

雨《アメ》ニモマケズ
風《カゼ》ニモマケズ
雪《ユキ》ニモ夏《ナツ》ノ暑《アツ》サニモマケヌ
丈《チヤウ（ジョウ）》夫《ブ》ナカラダヲモチ
慾《ヨク》ハナク
決《ケツ》シテ瞋《イカ》ラズ
イツモシヅ《（ズ）》カニワラッテヰ《（イ）》ル

一日《イチニチ》ニ玄米《ゲンマイ》四合《ヨンゴウ》ト
味噌《ミソ》ト少《スコ》シノ野菜《ヤサイ》ヲタベ
アラユルコトヲ
ジブンヲカンヂャウ《(ジョ)》ニ入《イ》レズニ
ヨクミキキシワカリ
ソシテワスレズ
野原《ノハラ》ノ松《マツ》ノ林《ハヤシ》ノ蔭《カゲ》ノ
小《チイ》サナ萱《かや》ブキノ小屋《コヤ》ニヰ《(イ)》テ
東《ヒガシ》ニ病《ビャウ》《(ビョウ)》気《キ》ノコドモアレバ
行《イ》ッテ看病《カンビャウ》《(ビョウ)》シテヤリ
西《ニシ》ニツカレタ母《ハハ》アレバ
行《イ》ッテソノ稲《イネ》ノ束《タバ》ヲ負《オ》ヒ《(イ)》

南《ミナミ》ニ死《シ》ニサウ《(ソ)》ナ人《ヒト》アレバ
行《イ》ッテコハ《(ワ)》ガラナクテモイヽ《(イ)》トイヒ《(イ)》
北《キタ》ニケンクヮ《(カ)》ヤソショウガアレバ
ツマラナイカラヤメロトイヒ《(イ)》
ヒデリノトキハナミダヲナガシ
サムサノナツハオロオロアルキ
ミンナニデクノボートヨバレ
ホメラレモセズ
クニモサレズ
サウ《(ソ)》イフ《(ウ)》モノニ
ワタシハナリタイ

❖慾《ヨク》……「欲《よく》」とおなじ。
❖瞋《イカ》ラズ……「瞋《いか》る」で、「怒《おこ》る」「恨《うら》む」をあらわす。
❖デクノボー……「木偶《でく》の坊《ぼう》」と書《か》き、役《やく》に立《た》たない人《ひと》、気《き》のきかない人《ひと》という意味《いみ》。

前《まえ》のページの詩《し》を読《よ》んで、ようすを思《おも》いうかべてみましょう。

どんなようすかイメージしてみよう

この詩《し》は、宮沢賢治《みやざわけんじ》が考《かんが》える「理想《りそう》の生《い》き方《かた》」をあらわしているといえるでしょう。むかしの詩《し》なのでわかりにくい表現《ひょうげん》もありますが、どんな人《ひと》を理想《りそう》としているのか、イメージしてみましょう。紙《かみ》に書《か》き出《だ》してみてもよいでしょう。

声《こえ》に出《だ》して読《よ》んでみよう

むかしのかなづかい（歴史的《れきしてき》かなづかい）を用《もち》いていたり、カタカナで書《か》いていたりして読《よ》みにくいのですが、声《こえ》に出《だ》して読《よ》んでみましょう。現代《げんだい》かなづかいは、文字《もじ》の横《よこ》にかっこ書《が》きで入《はい》っています。

「自分《じぶん》よりも人《ひと》のためになりたい」ということかな？
「デクノボー」とよばれてもいいなんて……、すごい生《い》き方《かた》ね

生活《せいかつ》のなかで詩《し》を楽《たの》しもう

お気《き》に入《い》りの詩《し》をえらぼう

「詩《し》を楽《たの》しむ」といっても、人《ひと》によって楽《たの》しみ方《かた》はさまざまです。声《こえ》に出《だ》して読《よ》んでもいいですし、心《こころ》のなかでかみしめるように読《よ》んでもいいでしょう。

ここでは、お気《き》に入《い》りの詩《し》を部屋《へや》にかざるなど、生活《せいかつ》のなかで楽《たの》しむ方法《ほうほう》を紹介《しょうかい》します。

みなさんが、今《いま》までに読《よ》んだ詩集《ししゅう》などから、気《き》に入《い》った詩《し》をえらびましょう。ひとつだけでもいいですし、いくつでもかまいません。

図書館《としょかん》や本屋《ほんや》さんに行《い》けば、たくさんの詩集《ししゅう》があるわ

色紙《しきし》に書《か》いて、かざってみよう

お気《き》に入《い》りの詩《し》をえらんだら、それを色紙《しきし》に書《か》いて、部屋《へや》のかべにはってみましょう。かべにがびょうなどが押《お》せない部屋《へや》では、額《がく》に入《い》れて立《た》てかけたり、あとできれいにはがせるテープなどを使《つか》ったりしてもかまいません。

また、毎日《まいにち》見《み》る手帳《てちょう》の1ページめに、お気《き》に入《い》りの詩《し》を書《か》いてもいいでしょう。

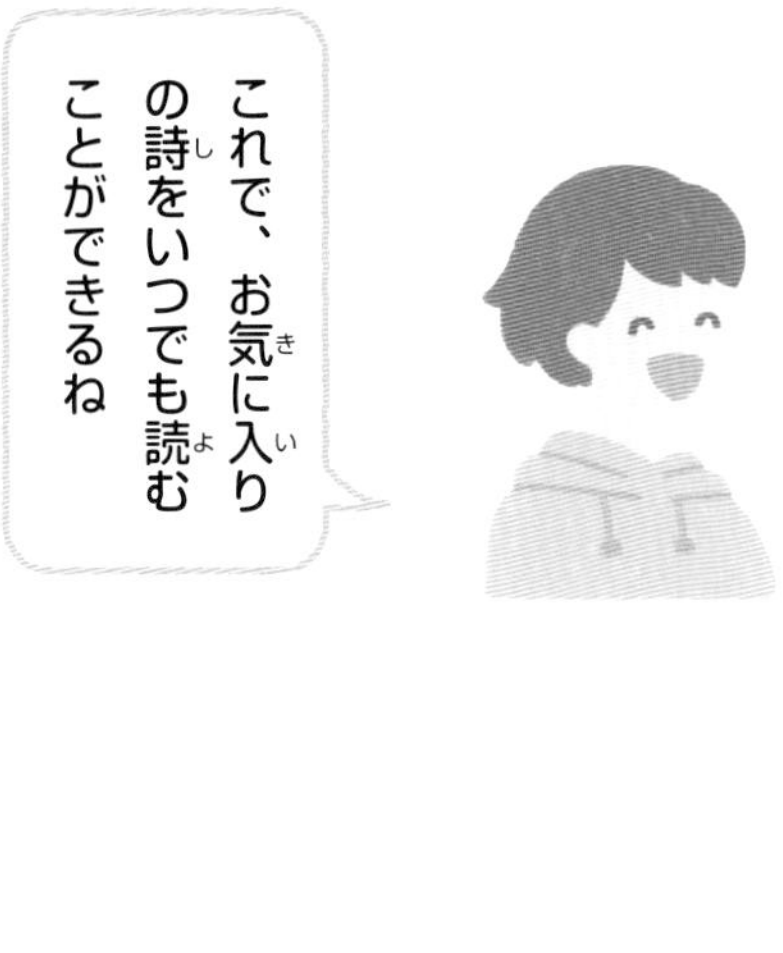

詩《し》を絵《え》にしてみよう

お気《き》に入《い》りの詩《し》を読《よ》んだとき、頭《あたま》のなかには、その詩《し》の情景《じょうけい》がうかんでいるのではないでしょうか。

そのうかんでいる情景《じょうけい》を、絵《え》にして楽《たの》しんでみましょう。

①画用紙《がようし》やスケッチブック、大《おお》きめのノートなど、絵《え》をかきやすい紙《かみ》を用意《ようい》します。

②色《いろ》えんぴつ、絵《え》の具《ぐ》やふで、マーカーなど、好《す》きな筆記具《ひっきぐ》を用意《ようい》します。

③どんな絵《え》にするかは自由《じゆう》です。用意《ようい》した紙《かみ》と筆記具《ひっきぐ》を使《つか》って、お気《き》に入《い》りの詩《し》から思《おも》いうかぶ情景《じょうけい》を、絵《え》にしてみましょう。

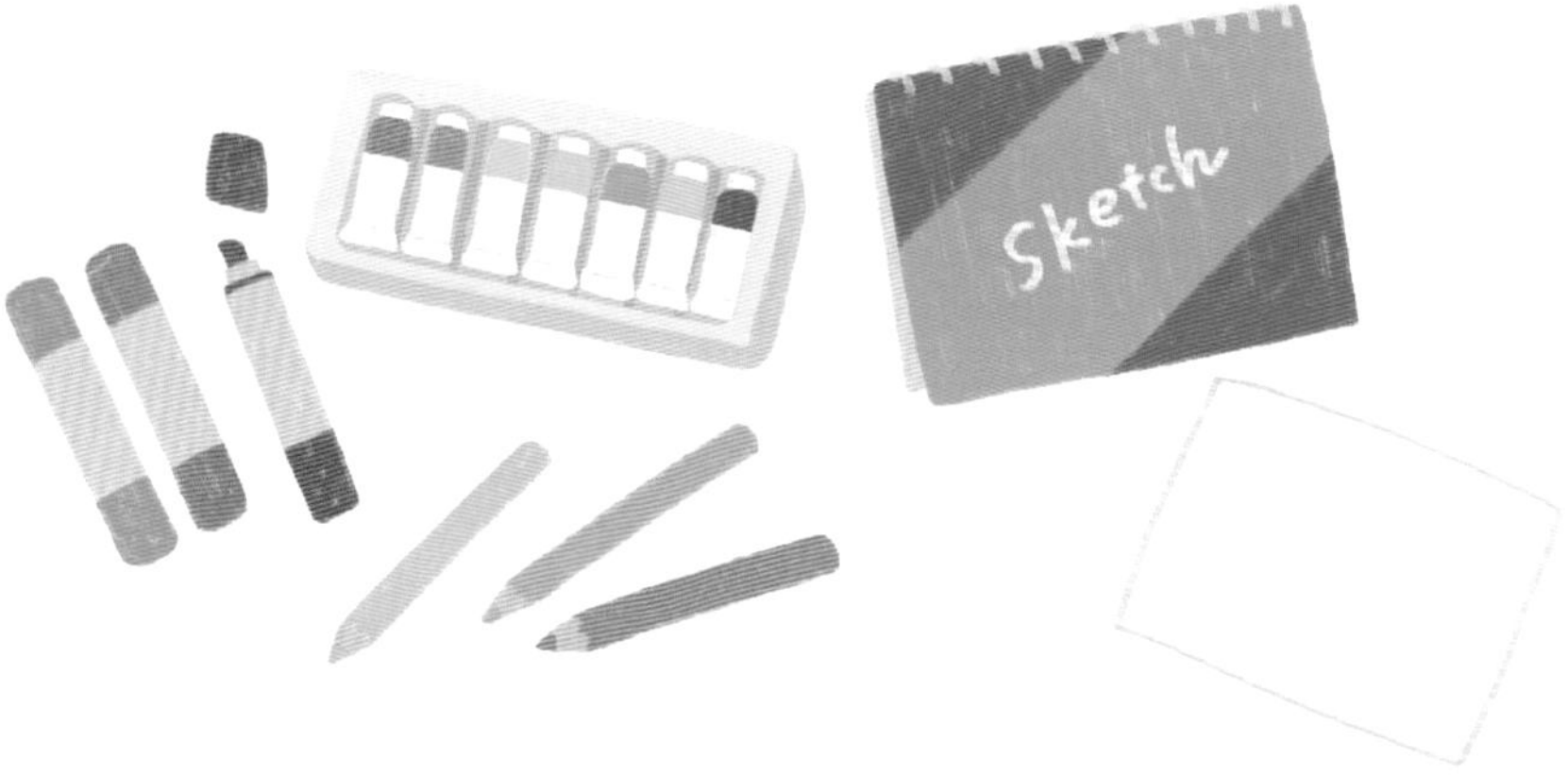

できた絵《え》を、みんなで見《み》せあったりしてもよいでしょう。ひとつの詩《し》が長《なが》く、１枚《まい》の絵《え》におさまらなければ、何《なん》枚《まい》かいてもかまいません。とじて絵《え》本《ほん》にしてもおもしろいでしょう。

絵《え》かき歌《うた》であそんでみよう

みなさんも、小《ちい》さいころに「絵《え》かき歌《うた》」であそんだことがあるでしょう。
この「絵《え》かき歌《うた》」も、詩《し》の一種《いっしゅ》といえます。
ここでいくつか紹介《しょうかい》しますので、実際《じっさい》に絵《え》をかいてみましょう。

たこ入道《にゅうどう》

わらべうた

みみずが三匹《さんびき》よってきて
おせんべ三枚《さんまい》食《た》べました
雨《あめ》がザアザアふってきて
あられもポツポツふってきて
あっというまにたこ入道《にゅうどう》

コックさん

わらべうた

ぼうが一本《いっぽん》あったとさ
はっぱかな
はっぱじゃないよ　かえるだよ
かえるじゃないよ　あひるだよ
六月六日《ろくがつむいか》のさんかんび

雨《あめ》ざあざあふってきて
三角《さんかく》じょうぎに　ひびいって
あんぱんふたつ　豆三《まめみっ》つ
コッペパンふたつ　くださいな
あっというまに
かわいいコックさん

自分《じぶん》で絵《え》かき歌《うた》をつくってみたくなったよ
それはいいわね！つくってみましょう！

自分《じぶん》だけの詩集《ししゅう》をつくろう

テーマを決《き》めよう

みなさんがえらんだ詩《し》を集《あつ》めて、自分《じぶん》だけの「詩集《ししゅう》」をつくってみましょう。

しかし、あれもこれもと詩《し》をあつめるのではなく、何《なに》かテーマを決《き》めて、そのテーマにそった詩《し》をあつめましょう。

テーマには、次《つぎ》のようなものが考《かんが》えられます。自分《じぶん》なりにテーマを考《かんが》えてみましょう。

❶共通《きょうつう》のことば、ことがらが入《はい》っている詩《し》

（例《れい》）「季節《きせつ》が冬《ふゆ》の詩《し》」「月《つき》や星《ほし》など宇宙《うちゅう》にまつ

わることばが入《はい》っている詩《し》」「鳥《とり》が出《で》てくる詩《し》」など

②同《おな》じ詩人《しじん》の詩《し》

(例《れい》)宮沢賢治《みやざわけんじ》、萩原朔太郎《はぎわらさくたろう》、北原白秋《きたはらはくしゅう》、茨木《いばらぎ》のり子《こ》、谷川俊太郎《たにかわしゅんたろう》 など

③ことばや書《か》き方《かた》がおもしろい詩《し》

(例《れい》)「ことばあそびの詩《し》」「ラップのような詩《し》」など

のせる詩《し》を決《き》めよう

テーマにそった詩《し》をあつめたら、そのなかから詩集《ししゅう》にのせる詩《し》を決《き》めましょう。また、のせる順番《じゅんばん》も決《き》めます。ルールはありませんので、自由《じゆう》に考《かんが》えてかまいません。

テーマにそった詩《し》のいろいろ

例《れい》1 春《はる》の詩《し》

三月《さんがつ》

室生《むろう》 犀星《さいせい》

うすければ青《あお》くぎんいろに
さくらも紅《あか》く咲《さ》くなみに
三月《さんがつ》こな雪《ゆき》ふりしきる

雪《ゆき》かきよせて手《て》にとれば
手《て》にとるひまに消《き》えにけり
なにを哀《かな》しと言《い》ひ（い）うるものぞ

君《きみ》が朱《あけ》なるてぶくろに
雪《ゆき》もうすらにとけゆけり

ひばりのす

木下《きのした》夕爾《ゆうじ》

ひばりのす
みつけた
まだたれも知《し》らない

あそこだ
水車小屋《すいしゃごや》のわき
しんりょうしょの赤《あか》い屋根《やね》のみえる
あのむぎばたけだ

小《ちい》さいたまごが
五《いつ》つならんでる
まだたれにもいわない

例《れい》2 食《た》べものの詩《し》

果物《くだもの》

八木《やぎ》 重吉《じゅうきち》

秋《あき》になると
果物《くだもの》はなにもかも忘《わす》れてしまって
うっとりと実《み》のってゆくらしい

はたはたのうた

室生《むろう》 犀星《さいせい》

はたはたというさかな、
うすべにいろのはたはた、
はたはたがとれる日《ひ》は
はたはた雲《ぐも》という雲《くも》があらわれる、
はたはたやいてたべるのは
北国《きたぐに》のこどものごちそうなり。
はたはたみれば
母《はは》をおもうも
冬《ふゆ》のならいなり。

❖ならい……しきたりや習慣《しゅうかん》のこと。

例《れい》3 すきな萩原《はぎわら》朔《さく》太郎《たろう》の詩《し》

猫《ねこ》

萩原《はぎわら》 朔《さく》太郎《たろう》

まつくろけの猫《ねこ》が二疋《にひき》、
なやましいよるの家根《やね》のうへ《（え）》で、
ぴんとたてた尻尾《しっぽ》のさきから、
糸《いと》のやう《（よ）》なみかづきがかすんでゐ《（い）》る。
『おわあ、こんばんは』
『おわあ、こんばんは』
『おぎやあ、おぎやあ、おぎやあ』
『おわああ、ここの家《いえ》の主人《しゅじん》は病気《びょうき》です』

金魚《きんぎょ》

萩原《はぎわら》 朔太郎《さくたろう》

金魚《きんぎょ》のうろこは赤《あか》けれども
その目《め》のいろのさびしさ。
さくらの花《はな》はさきてほころべども
かくばかり
なげきの淵《ふち》に身《み》をなげすてたる我《われ》の悲《かな》しさ。

草《くさ》の茎《くき》

萩原《はぎわら》 朔太郎《さくたろう》

冬《ふゆ》のさむさに、
ほそき毛《け》をもてつつまれし、
草《くさ》の茎《くき》をみよや、
あを《(お)》らみ茎《くき》はさみしげなれども、
いちめんにうすき毛《け》をもてつつまれし、
草《くさ》の茎《くき》をみよや。
雪《ゆき》もよひ《(い)》する空《そら》のかなたに、
草《くさ》の茎《くき》はもえいづる。

❖かくばかり……「これほどまでに」という意味《いみ》。

❖雪《ゆき》もよひ《(い)》……いまにも雪《ゆき》が降《ふ》りそうな空《そら》もようのこと。

感想《かんそう》やえらんだ理由《りゆう》を書《か》きそえよう

一《ひと》つひとつの詩《し》のあとや、詩集《ししゅう》の最後《さいご》に、詩《し》の感想《かんそう》やそれらの詩《し》をえらんだ理由《りゆう》を書《か》きそえておくとよいでしょう。

詩集《ししゅう》をつくるときは、手書《てが》きでも、パソコンのワープロソフトなどを使《つか》ってもかまいません。

どうして「春《はる》の詩《し》」にしたの？
私《わたし》、サクラの花《はな》が好《す》きだから、サクラが満開《まんかい》になる春《はる》も大好《だいす》きなの

表紙《ひょうし》やもくじをつくろう

詩集《ししゅう》ができたら、表紙《ひょうし》ともくじをつけましょう。

もくじは、詩《し》が出《で》てくる順番《じゅんばん》に、「詩《し》のタイトル」「作者《さくしゃ》の名前《なまえ》」「ページ数《すう》」を書《か》きならべます。

表紙《ひょうし》には、自分《じぶん》で考《かんが》えた詩集《ししゅう》の名前《なまえ》（タイトル）のほかに、「○○○○選《せん》」として選者《せんじゃ》である自分《じぶん》の名前《なまえ》（ペンネームにしてもよい）を書《か》きます。詩集《ししゅう》の名前《なまえ》やえらんだ詩《し》からうかんだイメージを絵《え》にしてもいいでしょう。

さいごに、紙《かみ》をホチキスなどでとじてできあがりです。

詩《し》を朗読《ろうどく》して紹介《しょうかい》しよう

「朗読《ろうどく》」って何《なに》？

詩《し》や文章《ぶんしょう》の内容《ないよう》を思《おも》いうかべて、感情《かんじょう》をこめながら声《こえ》に出《だ》して読《よ》むことを、「朗読《ろうどく》」といいます。

みなさんも、友《とも》だちや家族《かぞく》をあつめて、みんなの前《まえ》で詩《し》を朗読《ろうどく》してみましょう。事前《じぜん》に読《よ》む練習《れんしゅう》をしておくといいでしょう。

声《こえ》の出《だ》し方《かた》

- つくった声《こえ》ではなく、自分《じぶん》の声《こえ》で読《よ》む。
- 背《せ》すじをまっすぐにのばす。
- お腹《なか》から声《こえ》を出《だ》すイメージで読《よ》む。
- 口《くち》はできるだけ大《おお》きく開《あ》ける。

●語尾《ごび》をのばしたり、声《こえ》が小《ちい》さくなったりしないよう、最後《さいご》まではっきり声《こえ》を出《だ》す。

朗読《ろうどく》をするときの注意点《ちゅういてん》

●言葉《ことば》の意味《いみ》を正《ただ》しく理解《りかい》する。
●詩《し》の情景《じょうけい》を思《おも》いうかべながら読《よ》む。
●登場人物《とうじょうじんぶつ》になった気持《きも》ちで読《よ》むとよい。
●声《こえ》の大《おお》きさではなく、強弱《きょうじゃく》を使《つか》いわける。
●読《よ》むスピードは、はやい・おそい、間《あいだ》をあける・つめるを使《つか》いわける。
●姿勢《しせい》をくずさないように注意《ちゅうい》する。

朗読《ろうどく》のあと、聞《き》いていた人《ひと》に感想《かんそう》を話《はな》してもらいましょう。その詩《し》に対《たい》して自分《じぶん》が思《おも》っていることと、聞《き》いていた人《ひと》が思《おも》っていることに、重《かさ》なる部分《ぶぶん》、ちがう部分《ぶぶん》があるかを考《かんが》えてみましょう。

じょうずに朗読《ろうどく》できるか、心配《しんぱい》だわ
練習《れんしゅう》するときは、録音《ろくおん》して、あとで聞《き》いてみるといいよ

朗読《ろうどく》してみよう

ちちんぷいぷい

川崎《かわさき》 洋《ひろし》

きのう　学校《がっこう》からの　帰《かえ》りみち
すってんと　ころんで
ひざっこぞう　すりむいた
痛《いた》くて痛《いた》くて　涙《なみだ》が出《で》た
そのときだ
知《し》らない　おじいさんが
ぼくの　ひざっこぞうを　さすりながら
「ちちんぷいぷい
ぷよの　おんたから
はむくしゃくしゃ

はとは　ぽうぽう
きじは　けんけん
おしょうさまは
どうよくだ　どうよくだ
ぷい」
と　いったんだ
痛《いた》いのが　とれる　おまじないだ　と
おじいさんが　いった
ほんとに
痛《いた》みが　少《すこ》し　とれたんだ
ぼく　母《かあ》さんに
その　おまじないを　教《おし》えてあげた
こんど　すりむいたら
母《かあ》さんに　いってもらうんだ

朗読《ろうどく》のコツ

ころんだときと、痛《いた》みがとれたときの、それぞれの気持《きも》ちのちがいに気《き》をつけながら朗読《ろうどく》しましょう。

なのだソング

井上《いのうえ》 ひさし

雄々《おお》しくネコは生《い》きるのだ
尾《お》を振《ふ》るのはもうやめなのだ
失敗《しっぱい》おそれてならぬのだ
尻尾《しっぽ》を振《ふ》ってはならぬのだ
女々《めめ》しくあってはならぬのだ
お目々《めめ》を高《たか》く上《あ》げるのだ
凛《りん》とネコは暮《くら》すのだ
リンと鳴《な》る鈴《すず》は外《はず》すのだ
獅子《しし》を手本《てほん》に進《すす》むのだ
シッシと追《お》われちゃならぬのだ
お恵《めぐ》みなんぞは受《う》けぬのだ
腕《うで》組《ぐ》みをしてそっぽ向《む》くのだ

サンマのひらきがなんなのだ
サンマばかりがマンマじゃないのだ
のだのだのだともそうなのだ
それは断然《だんぜん》そうなのだ
雄々《おお》しくネコは生《い》きるのだ
ひとりでネコは生《い》きるのだ
激《はげ》しくネコは生《い》きるのだ
堂々《どうどう》ネコは生《い》きるのだ
きりりとネコは生《い》きるのだ
なんとかかんとか生《い》きるのだ
どうやらこうやら生《い》きるのだ
しょうこりもなく生《い》きるのだ

朗読《ろうどく》のコツ
リズムをつけて朗読《ろうどく》しましょう。

出《で》たとこ勝負《しょうぶ》で生《い》きるのだ
ちゃっかりぬけぬけ生《い》きるのだ
破《やぶ》れかぶれで生《い》きるのだ
いけしゃあしゃあと生《い》きるのだ
めったやたらに生《い》きるのだ
決《けっ》して死《し》んではならぬのだ
のだのだのだともそうなのだ
それは断然《だんぜん》そうなのだ

❖雄々《おお》しい……いさましいこと。
❖女々《めめ》しい……いくじがないこと。
❖凜《りん》と……ひきしまって、りりしいようす。
❖いけしゃあしゃあ……にくらしいほどに平然《へいぜん》としたさま。

うさぎ

まど・みちお

うさぎに　うまれて
うれしい　うさぎ
はねても
はねても
はねても
はねても
うさぎで　なくなりゃしない

朗読《ろうどく》のコツ

うさぎが、うさぎとして生《う》まれたことを、よろこんでいるようすがつたわるように、明《あか》るい声《こえ》で読《よ》みましょう。

うさぎに　うまれて
うれしい　うさぎ
とんでも
とんでも
とんでも
とんでも
くさはら　なくなりゃしない

天《てん》の声《こえ》

草野《くさの》　心平《しんぺい》

五年間《ごねんかん》もじっとしていた。
まっくらな土《つち》の中《なか》が。
その故里《ふるさと》である筈《はず》なのに。

カナカナ　カナカナ。
カナカナカナカナカナ。
カナカナ　カナカナカナカナ。

まるで。
天《てん》の声《こえ》のコーラスである。

朗読《ろうどく》のコツ

虫《むし》のなき声《ごえ》のところは、ようやく土《つち》のなかから出《で》られた虫《むし》の気《き》もちを表現《ひょうげん》するように朗読《ろうどく》するといいでしょう。

どじょうだじょ

阪田《さかた》 寛夫《ひろお》

どじょうは　くろくて
ぬるぬるしてて　すばやいじょ
ひげやなんかも　はやしてて
それでもキュッと　なくんだじょ

どじょうの　すみかは
どろどろしてて　つめたいじょ
ひげやなんかも　そらないで
ひとりでキュッと　なくんだじょ

たまごで　とじたら
ことことにえる　どじょうだじょ
ひげやなんかも　そのままで
おなべでキュッと　なくんだじょ

朗読《ろうどく》のコツ

どじょうの気《き》もちになって朗読《ろうどく》するといいでしょう。最後《さいご》の連《れん》を悲《かな》しそうに読《よ》むか、逆《ぎゃく》に楽《たの》しそうに読《よ》むかで、聞《き》いた人《ひと》が受《う》ける印象《いんしょう》はかわります。

たね

谷川《たにかわ》 俊《しゅん》太郎《たろう》

ねたね
うたたね
ゆめみたね
ひだね
きえたね
しゃくのたね

またね
あしたね
つきよだね
なたね
まいたね
めがでたね

朗読《ろうどく》のコツ

リズムをつけて、ことばのひびきを大切《たいせつ》にして朗読《ろうどく》するといいでしょう。

〈ぽくぽく〉

八木《やぎ》重吉《じゅうきち》

ぽくぽく
ぽくぽく
まりを　ついてると
にがい　にがい　いままでのことが
ぽくぽく
ぽくぽく
むすびめが　ほぐされて
花《はな》がさいたようにみえてくる

❖この詩《し》は、『鞠《まり》とぶりきの独楽《こま》』という作品《さくひん》の一部《いちぶ》ですが、便宜上《べんぎじょう》「ぽくぽく」というタイトルをつけています。

朗読《ろうどく》のコツ

まりをついているうちに、だんだんと心《こころ》がいやされていくようすを思《おも》いうかべながら、朗《ろう》読《どく》するといいでしょう。

ねこのこ

大久保《おおくぼ》テイ子《こ》

あくび　ゆうゆう
あまえて　ごろごろ
たまご　ころころ
けいと　もしゃもしゃ
かくれても　ちりん
しかられて　しゅん
よばれて　つん
ミルクで　にゃん

朗読《ろうどく》のコツ

ネコの子《こ》どものすがたを思《おも》いうかべながら、朗読《ろうどく》するといいでしょう。かわいさをじょうずに表《ひょう》現《げん》しましょう。

つくった詩《し》を発信《はっしん》しよう

インターネットで詩《し》を発信《はっしん》する

近年《きんねん》、広《ひろ》く使《つか》われるようになったインターネットのSNS《エスエヌエス》（ソーシャル・ネットワーキング・サービス）やブログなどを通《つう》じて、詩《し》を発信《はっしん》してみましょう。

著作権《ちょさくけん》に配慮《はいりょ》する

詩《し》にかぎらず、歌《うた》の歌詞《かし》や小説《しょうせつ》など、人《ひと》が書《か》いた作品《さくひん》には、「著作権《ちょさくけん》」があります。

作品《さくひん》の著作権《ちょさくけん》を持《も》っている人《ひと》（「著作権者《ちょさくけんしゃ》」といいます）の許可《きょか》をえた場合《ばあい》、家族《かぞく》や友《とも》だちなどのかぎられた範囲《はんい》で使《つか》う場合《ばあい》、学校《がっこう》の授業《じゅぎょう》で使《つか》う場合《ばあい》

❖SNS《エスエヌエス》やブログなどを使《つか》う際《さい》は、保護者《ほごしゃ》に相談《そうだん》して、許可《きょか》をもらうようにしましょう。また、学校《がっこう》でルールが定《さだ》められている場合《ばあい》は、そのルールをまもりましょう。

など、法律《ほうりつ》で決《き》められた範囲《はんい》のなかで、作品《さくひん》を使《つか》うことができます。

一方《いっぽう》、著作権者《ちょさくけんしゃ》の許可《きょか》をえずに、印刷物《いんさつぶつ》やインターネットなど、広《ひろ》く公開《こうかい》されるものに作品《さくひん》をのせることは、著作権《ちょさくけん》の侵害《しんがい》となります。絶対《ぜったい》にやってはいけません。

自分《じぶん》でつくった詩《し》を発信《はっしん》しよう

自分《じぶん》でつくった詩《し》は、自分《じぶん》が著作権者《ちょさくけんしゃ》となりますので、自由《じゆう》に発信《はっしん》してもかまいません。多《おお》くの人《ひと》に詩《し》を読《よ》んでもらえるように、ＳＮＳ《エスエヌエス》やブログで発信《はっしん》してみましょう。

ただし、自分《じぶん》の作品《さくひん》がたまたま他人《たにん》の作品《さくひん》と似《に》ていたりすると、著作権《ちょさくけん》の侵害《しんがい》としてうったえられる可能性《かのうせい》がありますので、事前《じぜん》に似《に》た作品《さくひん》がないかを、検索機能《けんさくきのう》などを使《つか》って確認《かくにん》しておくといいでしょう。

友《とも》だちがＳＮＳ《エスエヌエス》で発信《はっしん》したものを拡散《かくさん》するときも注意《ちゅうい》しようね
ようし、ぼくも「ネット詩人《しじん》」をめざそう！

作品名《さくひんめい》さくいん（五十音順《ごじゅうおんじゅん》）

雨《アメ》ニモマケズ　宮沢《みやざわ》賢治《けんじ》……6
うさぎ　まど・みちお……30
金魚《きんぎょ》　萩原《はぎわら》朔太郎《さくたろう》……21
草《くさ》の茎《くき》　萩原《はぎわら》朔太郎《さくたろう》……21
果物《くだもの》　八木《やぎ》重吉《じゅうきち》……19
コックさん　わらべうた……14
三月《さんがつ》　室生《むろう》犀星《さいせい》……18
たこ入道《にゅうどう》　わらべうた……14
たね　谷川《たにかわ》俊太郎《しゅんたろう》……33
ちちんぷいぷい　川崎《かわさき》洋《ひろし》……26
天《てん》の声《こえ》　草野《くさの》心平《しんぺい》……31
どじょうだじょ　阪田《さかた》寛夫《ひろお》……32
なのだソング　井上《いのうえ》ひさし……28
猫《ねこ》　萩原《はぎわら》朔太郎《さくたろう》……20
ねこのこ　大久保《おおくぼ》テイ子《こ》……35
はたはたのうた　室生《むろう》犀星《さいせい》……19
ひばりのす　木下《きのした》夕爾《ゆうじ》……18
〈ぽくぽく〉　八木《やぎ》重吉《じゅうきち》……34

作者名《さくしゃめい》さくいん（五十音順《ごじゅうおんじゅん》）

井上《いのうえ》ひさし……28
大久保《おおくぼ》テイ子《こ》……35
川崎《かわさき》洋《ひろし》……26
木下《きのした》夕爾《ゆうじ》……18
草野《くさの》心平《しんぺい》……31
阪田《さかた》寛夫《ひろお》……32
谷川《たにかわ》俊太郎《しゅんたろう》……33
萩原《はぎわら》朔太郎《さくたろう》……20・21
まど・みちお……30
宮沢《みやざわ》賢治《けんじ》……6
室生《むろう》犀星《さいせい》……18・19
八木《やぎ》重吉《じゅうきち》……19・34

出典一覧

●雨ニモマケズ（宮沢 賢治）
『新編 宮沢賢治詩集』天沢 退二郎 編（新潮文庫）

●三月（室生 犀星）
『日本の詩歌15』室生 犀星 著（中央公論新社）

●ひばりのす（木下 夕爾）
『木下夕爾児童詩集 ひばりのす』木下 夕爾 著（光書房）

●果物（八木 重吉）『永遠の詩⑧ 八木重吉』八木 重吉 著（小学館）

●はたはたのうた（室生 犀星）
『わくわく！名作童話館⑧ 動物詩集』室生 犀星 著、恩地 孝四郎 画（日本図書センター）

●猫／金魚／草の茎（萩原 朔太郎）
『萩原朔太郎詩集』三好 達治 選（岩波文庫）

●ちちんぷいぷい（川崎 洋）
『川崎洋少年詩集 しかられた神さま』川崎 洋 著、杉浦 範茂 絵（理論社）

●なのだソング（井上 ひさし）
『道元の冒険』井上 ひさし 著（新潮文庫）

●うさぎ（まど・みちお）
『まど・みちお 全詩集』まど・みちお 著（理論社）

●天の声（草野 心平）『詩集 原音』草野 心平 著（筑摩書房）

●どじょうだじょ（阪田 寛夫）
『阪田寛夫少年詩集 ばんがれ まーち』阪田 寛夫 著、織茂 恭子 絵（理論社）

●たね（谷川 俊太郎）
『ことばあそびうた・また』谷川 俊太郎 詩、瀬川 康男 絵（福音館書店）

●〈ぽくぽく〉（八木 重吉）
『永遠の詩⑧ 八木重吉』八木 重吉 著（小学館）

●ねこのこ（大久保 テイ子）
『おどる詩 あそぶ詩 きこえる詩』はせ みつこ 編、飯野 和好 絵（冨山房インターナショナル）

参考文献
『詩の寺子屋』和合 亮一 著（岩波ジュニア新書）
『詩のこころを読む』茨木 のり子 著（岩波ジュニア新書）
まるごとわかる国語シリーズ⑦『詩が大すき』阿部 洋子 著（岩崎書店）
『小学総合的研究 わかる国語』佐藤 洋一 監修（旺文社）

監修●和合 亮一（わごう りょういち）

詩人、国語教師。
1968 年、福島県生まれ。福島県在住。1999 年に第 1 詩集『AFTER』（思潮社）で第 4 回中原中也賞、2006 年『地球頭脳詩篇』（思潮社）で第 47 回晩翠賞、2017 年『詩の礫』（徳間書店）で第 1 回ニュンク・レビュー・ポエトリー賞（フランスにて、日本人初の詩集賞受賞）、2019 年『QQQ』（思潮社）で第 27 回萩原朔太郎賞を受賞。
2011 年の東日本大震災では、勤務していた福島県伊達市の高校で被災。避難所で数日を過ごした後、自宅からツイッターで詩を発信し続け、大反響を呼ぶ。2015 年、東日本大震災の犠牲者の鎮魂と原発事故からの復興を願う「未来の祀り ふくしま」の発起人となる。
おもな著書に、『詩ノ黙礼』（新潮社）、『詩の邂逅』（朝日新聞出版）、『詩の寺子屋』（岩波ジュニア新書）など。

装　　　画●北原 明日香
装丁デザイン●西野 真理子（株式会社ワード）
本文イラスト●サキザキ ナリ
本文デザイン●佐藤 紀久子（株式会社ワード）
編 集 協 力●澤野 誠人（株式会社ワード）
制 作 協 力●株式会社ワード

詩をつくろう ③自分だけの詩集をつくろう、朗読しよう

2020年3月　初版第1刷発行

監修者　和合亮一
発行者　小安宏幸
発行所　株式会社汐文社
〒 102-0071　東京都千代田区富士見 1-6-1
電話 03-6862-5200　ファックス 03-6862-5202
URL https://www.choubunsha.com
印　刷　新星社西川印刷株式会社
製　本　東京美術紙工協業組合

ISBN978-4-8113-2709-9

乱丁・落丁本はお取り替えいたします。
ご意見・ご感想は read@choubunsha.com までお寄せください。